bird watching Journal

created by

Stella Nadene

Copyright © 2016 by Stella Nadene.
All rights reserved. This book or any portion thereof
may not be reproduced or used in any manner whatsoever
without the express written permission of the publisher
except for the use of brief quotations in a book review.

For permissions, please contact Stella Nadene at:

www.StellaNadene.com

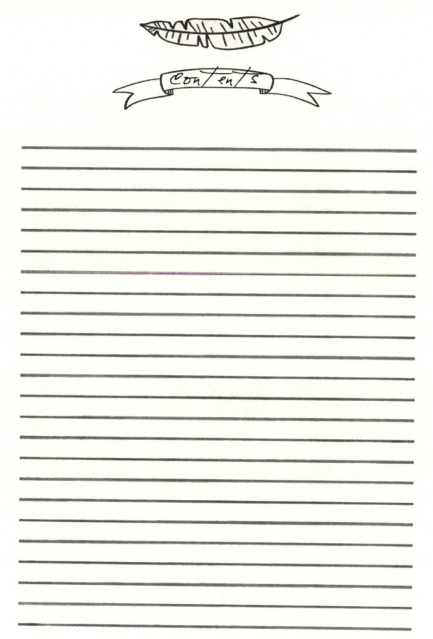

Contents

A bird doesn't sing because
it has an answer.
It sings because it has a song.

−Maya Angelou

Order: _____ Family: _____
Genus: _____ Species: _____

egg

young

adult

Diet and behavior.

habitat:

mating:

Order: _____ Family: _____
Genus: _____ Species: _____

egg

young

adult

Diet and behavior:

habitat:

mating:

Order: _____ Family: _____
Genus: _____ Species: _____

egg

young

adult

Diet and behavior:

habitat:

mating:

7

Order: _____ Family: _____
Genus: _____ Species: _____

egg

young

adult

Diet and behavior:

habitat:

mating:

9

Order: _____ Family: _____
Genus: _____ Species: _____

egg

young

adult

Diet and behavior.

habitat: mating:

Order: _____ Family: _____
Genus: _____ Species: _____

egg

young

adult

Diet and behavior.

habitat:

mating:

Order: _____ Family: _____
Genus: _____ Species: _____

egg

young

adult

Diet and behavior:

habitat:

mating:

Order: _____ Family: _____
Genus: _____ Species: _____

egg

young

adult

Diet and behavior:

habitat:

mating:

Order: _____ Family: _____
Genus: _____ Species: _____

egg

young

adult

Diet and behavior:

habitat:

mating:

Order: _____ Family: _____
Genus: _____ Species: _____

egg

young

adult

Diet and behavior:

habitat:

mating:

21

Order: _____ Family: _____
Genus: _____ Species: _____

< egg

< young

< adult

Diet and behavior:

habitat: mating:

Order: _____ Family: _____
Genus: _____ Species: _____

egg

young

adult

Diet and behavior:

habitat: mating:

Order: _____ Family: _____
Genus: _____ Species: _____

egg

young

adult

Diet and behavior:

habitat:

mating:

Order: _____   Family: _____
Genus: _____   Species: _____

egg

young

adult

Diet and behavior.

habitat:

mating:

Order: _____ Family: _____
Genus: _____ Species: _____

egg

young

adult

Diet and behavior:

habitat:

mating:

31

Order: _____ Family: _____
Genus: _____ Species: _____

< egg <
< young <
< adult <

Diet and behavior:

habitat:

mating:

33

Order: _____ Family: _____
Genus: _____ Species: _____

egg

young

adult

Diet and behavior:

habitat:

mating:

Order: _____ Family: _____
Genus: _____ Species: _____

egg

young

adult

Diet and behavior:

habitat:

mating:

Order: _____ Family: _____
Genus: _____ Species: _____

< egg

< young

< adult

Diet and behavior:

habitat:

mating:

Order: _____ Family: _____
Genus: _____ Species: _____

egg

young

adult

Diet and behavior.

habitat:

mating:

Order: _____ Family: _____
Genus: _____ Species: _____

< egg <

< young <

< adult <

Diet and behavior:

habitat: mating:

43

Order: _____ Family: _____
Genus: _____ Species: _____

egg

young

adult

Diet and behavior:

habitat: mating:

Order: _____ Family: _____
Genus: _____ Species: _____

egg

young

adult

Diet and behavior:

habitat: mating:

Order: _____ Family: _____
Genus: _____ Species: _____

< egg

< young

< adult

Diet and behavior.

habitat: mating:

Order: _____   Family: _____
Genus: _____   Species: _____

egg

young

adult

Diet and behavior:

habitat:

mating:

Order: _____ Family: _____
Genus: _____ Species: _____

< egg

< young

< adult

Diet and behavior:

habitat:

mating:

53

Order: _____ Family: _____
Genus: _____ Species: _____

< egg

< young

< adult

habitat:

Diet and behavior

mating:

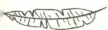

Order: _____ Family: _____
Genus: _____ Species: _____

< egg <

< young <

< adult <

Diet and behavior:

habitat: mating:

Order: _____ Family: _____
Genus: _____ Species: _____

egg

young

adult

Diet and behavior:

habitat:

mating:

Order: _____ Family: _____
Genus: _____ Species: _____

egg

young

adult

Diet and behavior:

habitat:

mating:

Order: _____   Family: _____
Genus: _____   Species: _____

< egg

< young

< adult

Diet and behavior

habitat: mating:

Order: _____ Family: _____
Genus: _____ Species: _____

egg

young

adult

Diet and behavior:

habitat:

mating:

Order: _____ Family: _____
Genus: _____ Species: _____

< egg

< young

< adult

Diet and behavior:

habitat: mating:

Order: _____ Family: _____
Genus: _____ Species: _____

< egg <

< young <

< adult <

Diet and behavior

habitat: mating:

Order: _____ Family: _____
Genus: _____ Species: _____

egg

young

adult

Diet and behavior:

habitat:

mating:

Order: _____   Family: _____
Genus: _____   Species: _____

egg

young

adult

Diet and behavior

habitat: mating:

Order: _____ Family: _____
Genus: _____ Species: _____

egg

young

adult

Diet and behavior:

habitat:

mating:

Order: _____ Family: _____
Genus: _____ Species: _____

egg

young

adult

habitat:

Diet and behavior:

mating:

77

Order: _____ Family: _____
Genus: _____ Species: _____

egg

young

adult

Diet and behavior:

habitat:

mating:

Order: _____ Family: _____
Genus: _____ Species: _____

egg

young

adult

Diet and behavior:

habitat:

mating:

Order: _____   Family: _____
Genus: _____   Species: _____

< egg <

< young <

< adult <

Diet and behavior:

habitat: mating:

Order: _____ Family: _____
Genus: _____ Species: _____

egg

young

adult

Diet and behavior.

habitat:

mating:

Order: _____ Family: _____
Genus: _____ Species: _____

egg

young

adult

Diet and behavior.

habitat:

mating:

Order: _____ Family: _____
Genus: _____ Species: _____

< egg

< young

< adult

Diet and behavior:

habitat:

mating:

Order: _____ Family: _____
Genus: _____ Species: _____

< egg <

< young <

< adult <

Diet and behavior:

habitat: mating:

Order: _____ Family: _____
Genus: _____ Species: _____

egg

young

adult

Diet and behavior:

habitat:

mating:

Order: _____ Family: _____
Genus: _____ Species: _____

egg

young

adult

Diet and behavior:

habitat:

mating:

Order: _____ Family: _____
Genus: _____ Species: _____

egg

young

adult

Diet and behavior:

habitat:

mating:

Order: _____   Family: _____
Genus: _____   Species: _____

< egg

< young

< adult

Diet and behavior:

habitat: mating:

Order: _____ Family: _____
Genus: _____ Species: _____

< egg

< young

< adult

Diet and behavior:

habitat: mating:

101

Order: _____ Family: _____
Genus: _____ Species: _____

egg

young

adult

habitat:

Diet and behavior.

mating:

Order: _____ Family: _____
Genus: _____ Species: _____

egg

young

adult

Diet and behavior:

habitat: mating:

Order: _____ Family: _____
Genus: _____ Species: _____

egg

young

adult

Diet and behavior:

habitat: mating:

Order: _____ Family: _____
Genus: _____ Species: _____

egg

young

adult

Diet and behavior:

habitat:

mating:

Order: _____ Family: _____
Genus: _____ Species: _____

← egg

← young

← adult

Diet and behavior:

habitat:

mating:

Order: _____ Family: _____
Genus: _____ Species: _____

egg

young

adult

Diet and behavior:

habitat:

mating:

Order: _____ Family: _____
Genus: _____ Species: _____

< egg

< young

< adult

Diet and behavior:

habitat:					mating:

Order: _____   Family: _____
Genus: _____   Species: _____

< egg <

< young <

< adult <

Diet and behavior:

habitat:

mating:

Order: _____ Family: _____
Genus: _____ Species: _____

egg

young

adult

Diet and behavior:

habitat:

mating:

Order: _____ Family: _____
Genus: _____ Species: _____

< egg

< young

< adult

Diet and behavior:

habitat:

mating:

Order: _____ Family: _____
Genus: _____ Species: _____

egg

young

adult

Diet and behavior:

habitat: mating:

Order: _____ Family: _____
Genus: _____ Species: _____

egg

young

adult

Diet and behavior:

habitat:

mating:

Order: _____ Family: _____
Genus: _____ Species: _____

< egg

< young

< adult

Diet and behavior:

habitat: mating:

Order: _____ Family: _____
Genus: _____ Species: _____

egg

young

adult

Diet and behavior.

habitat: mating:

Order: _____   Family: _____
Genus: _____   Species: _____

egg

young

adult

Diet and behavior:

habitat: mating:

Order: _____ Family: _____
Genus: _____ Species: _____

egg

young

adult

Diet and behavior:

habitat: mating:

133

Order: _____ Family: _____
Genus: _____ Species: _____

< egg <

< young <

< adult <

Diet and behavior:

habitat: mating:

Order: _____ Family: _____
Genus: _____ Species: _____

< egg

< young

< adult

Diet and behavior:

habitat:

mating:

Order: _____   Family: _____
Genus: _____   Species: _____

< egg

< young

< adult

Diet and behavior:

habitat:

mating:

Order: _____ Family: _____
Genus: _____ Species: _____

egg

young

adult

Diet and behavior:

habitat: mating:

Order: _____ Family: _____
Genus: _____ Species: _____

egg

young

adult

Diet and behavior:

habitat:

mating:

Order: _____ Family: _____
Genus: _____ Species: _____

egg

young

adult

Diet and behavior:

habitat: mating:

Order: _____ Family: _____
Genus: _____ Species: _____

< egg

< young

< adult

Diet and behavior:

habitat: mating:

I hope you've enjoyed your

Bird Watching Journal!

Thank you for letting me help you on your journey! If you loved this journal, please give a positive review where you purchased it, and for more books--journals *and* fiction--visit:

www.StellaNadene.com

Made in the USA
Lexington, KY
18 January 2017